무명
저고리

무명 저고리

초판 1쇄 발행 2025년 6월 30일

지은이 최승관
펴낸이 장길수
펴낸곳 지식과감성#
출판등록 제2012-000081호

교정 주경민
디자인 강샛별
편집 강샛별
검수 이주희, 정윤솔
마케팅 김윤길

주소 서울시 금천구 벚꽃로298 대륭포스트타워6차 1212호
전화 070-4651-3730~4
팩스 070-4325-7006
이메일 ksbookup@naver.com
홈페이지 www.knsbookup.com

ISBN 979-11-392-2696-6(03810)
값 10,000원

- 이 책의 판권은 지은이에게 있습니다.
- 이 책 내용의 전부 또는 일부를 재사용하려면 반드시 지은이의 서면 동의를 받아야 합니다.
- 잘못된 책은 구입하신 곳에서 바꾸어 드립니다.

(재) 원주문화재단 보조금 지원사업

지식과감성#
홈페이지 바로가기

무명 저고리

최승관 시조집

작가의 말

세 번째
시조집을 엮습니다.

그저 작은 숨소리라 여겨주세요.

한 시대
같은 하늘 아래
같은 뉴스를 보며
2025년을 나란히 걷고 있는
그대가 제겐 너무도 소중합니다.

함께 있어줘서 고맙습니다.

그해 여름

목차

작가의 말 · 5

제1부
닥풀꽃 피는 언덕

무명 저고리 · 12
달빛 아래 빛나는 별 · 14
모나리자 · 16
산수유 · 17
나이테 · 18
순례길 · 20
사방치기 · 21
동강 할미꽃 · 22
재봉틀 · 24
낙과落果 · 26
졸음 쉼터 · 27
출근길 · 28
임도 · 29
멀리서 나를 보다 · 30
시월의 노래 · 31
가을 그 찬란한 노을 · 32

제2부
토망나루 가는 길

설악산	36
치악역에 잠들다	38
결운리	40
단종	41
미시령	42
마애부처님	44
도천리	45
대청봉	46
인제터널	47
영월	48
경포대 겨울에 젖다	50
황둔리 부는 바람	51
용두산	52
비로봉	53
화전골 풍경	54

제3부
흙담 사이에 핀 꽃

한반도 아리랑	58
옥수수	60
김 씨의 겨울	61
소녀상의 기도	62
퇴근길	64
청령포 애가	65
원산 내장탕	66
갯버들	68
김 목수	69
성심요양원	70
운곡의 강	71
구두	72
억새꽃	74
초대	76
난고 김삿갓	78

제4부
동구 밖 미루나무

별에 닿다	82
달동네 소묘	84
성황림 겨울	85
팔월 끝자락	86
서귀포의 밤	88
맛	90
바다 그리고 겨울	91
새벽 비	92
태백산 돛단배	94
해 뜰 즈음	96
텃밭	97
보도블록 틈 사이로	98
유성	100
천년 윤회	102

제5부
가사 歌辭

단종 유배길을 가다 — 단종비가 端宗悲歌	106

제1부

닥풀꽃 피는 언덕

무명 저고리
달빛 아래 빛나는 별
모나리자
산수유
나이테
순례길
사방치기
동강 할미꽃
재봉틀
낙과落果
졸음 쉼터
출근길
임도
멀리서 나를 보다
시월의 노래
가을 그 찬란한 노을

무명 저고리

목화꽃 나 살던 곳 하얗게 피었었다
어머니 일 멈추고 젖먹이 안아 들 때
저고리 옷고름 잡고 눈 맞추던 어릴 적

신례원 그 넓은 밭 아파트 들어서고
고향도 없어지고 엄마도 떠나갔다
갈 수도 볼 수도 없는
기억조차 멀어지고

이름 없는 들꽃으로 살다 간 우리 엄마
꿈처럼 안아주던 젖 내음 포근한 품
빛바랜 무명 저고리
그리워서 울었다

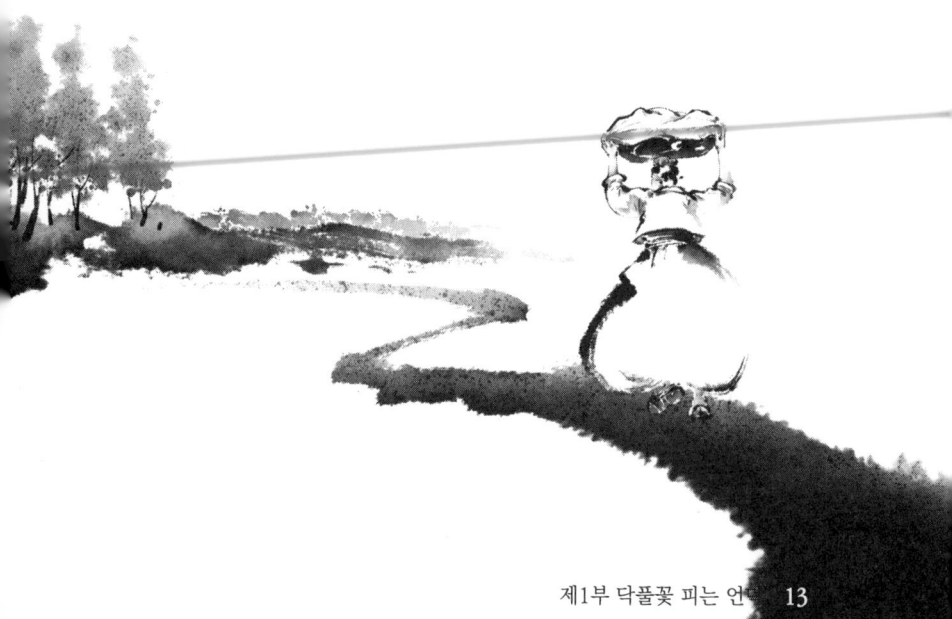

제1부 닥풀꽃 피는 언덕

달빛 아래 빛나는 별

사심을 내려놓고 동촌리 들어섰지
파로호 잠긴 숲에 두둥실 목선 한 척
엄 보낸 시름 달래려 낮달 곁을 지난다

나직이 불러보는 시조창 한 가락이
뱃길을 먼저 가서 노을을 반기었지
수면 위 물새 한 마리 날갯짓 숨 가쁘다

손 모아 빌고 비는 그 소원 무엇일까
꽃처럼 흐르는 물 내 고향 내 나무들
남겨진 시조 사랑을 내 아이가 안을까

도시는 너무 멀고 별들도 너무 멀고
붓을 들어 획 그으면 출렁이는 대나무 숲
멀지만 가슴에 꽉 찬 내 마음만 같아라

시선 닿는 그 언저리 달빛은 저리 밝아
가지 끝 붙잡고서 몸서리를 치는 건가
차라리 보내지 못해 날 새는 걸 잊었다

뒤돌아 소매 적신 이슬을 떨구고서
잰걸음 몇 발자국 낙관 삼아 찍어내면
감은 눈 임의 달빛은 별빛으로 명료하다

모나리자

아꼈던 눈썹연필 어디에 숨겼을까
요양원 정원 풀숲 애타게 찾는 종일
머금은 미소 사이로
안타까운 속 눈빛

봄볕에 만개한 꽃 가슴속 간직한 채
느지막 가을 저녁 발걸음 허망하다
해맑던 시간들 뒤로
휠체어만 벗이 됐다

미완성 내 얼굴을 찾을 순 없는 걸까
분홍빛 꽃 이야기 밝혀줄 까만 연필
아직도 그리지 못해
남겨 놓은 흰 여백

산수유

밤이슬 젖은 망울 부스스 잠에 깨어
동녘을 바라보면 주홍빛 아침노을
잎사귀 잠깐 물들여
제 색깔을 감추고

아직은 이른 아침 실눈만 겨우 뜬 채
해님만 기다리는 열일곱 여린 꽃잎
어딘가 노랫소리에
귀 세우며 애탈 때

짓궂은 꽃샘바람 서늘한 바람 몰고
깔깔깔 놀려대며 옷깃을 들추다가
떠오른 해님에 놀라
숲속으로 내뺀다

나이테

올봄도 피우려고 잎망울 틔웠었다
잘려진 가지마다 빼곡한 연둣빛 잎
백 년을
비바람 맞고
안고 지낸 내 싹들

오월에 떠날 것을 진즉에 알았다면
움츠린 겨울처럼 그대로 두었을걸
늦가을
노란 은행잎
누가 뿌려줄 건가

휑하니 부는 바람 땅거미 물고 서서
망연히 세어보는 나이테 손끝 따라
살아온
또렷한 백 년
밤이슬로 감춘다

순례길

찬 서리 내릴 즈음 갈잎을 덮는 언덕
그 길가 나뭇가지 푸르름 감추고서
그림자 길게 드리워
걸어온 길 비추고

숨 가삐 걸어온 길 쉬어가도 되련마는
해 질까 두려움에 멈추지 못한 발길
땅거미 겨우 남긴 길
바쁜 걸음 서둔다

한여름 푸른 젊음 갈바람 태운 불꽃
살아온 변명처럼 노랗게 새빨갛게
남은 길 빼곡히 뿌려
조심스레 딛는다

사방치기

촘촘한 모눈사각 밟을까 총총걸음
두 발로는 모자라서 지팡이 보태었다
모서리 헛짚을까 봐
어정쩡한 산책길

겨울은 발끝 닿아 시린 발 움츠리고
가로등 하나둘 밝히는 저녁나절
교차로 어디로 갈까
갈 곳 잃어 멈췄네

되돌아가기에는 너무 멀지 않은가
떠나간 노을 하늘 망연히 바라보다
서둘러 펼쳐진 조각
하나하나 넘는다

동강 할미꽃

눈길만 벼랑 타고 흰 꽃에 다다랐다
바위 틈 뿌리 심고 어떻게 견뎠을까
머뭇댄 발길을 접고
홀로 앉아 울었다

못다 한 긴 이야기 피눈물 쏟아내며
치열한 네 삶 읽고 주저앉아 절규한다
오로지 햇빛과 이슬
그뿐으로 넌 섰다

스스로 지기 전에 꺾을 수 없는 꽃잎
장갑을 도로 집고 골목으로 돌아가자
땅거미 밀어낸 달빛
돌아갈 길 비춘다

재봉틀

어머니 평생 친구 다 낡은 발재봉틀
다섯 평 수선가게 쪼그려 앉은 채로
사 남매 다 키워 내고
유산으로 남았다

언제나 이명처럼 맴돌던 덜덜 소음
이제는 그리움에 버리지 못한 소품
녹슬어 가는 기억을
아주 가끔 닦는다

미안해 가게 쪽방 치렀던 예비고사
합격 날 졸업식 날 어머닌 그 자리다
손자들 같은 무게로
작아지신 어린애

단 한 번 효도랄까 두 달을 편히 쉬신
요양원 침대에서 편안한 눈빛 봤다
귓가에 맴도는 여음
덜덜대는 그 음성

낙과落果

비바람 내던져져 굴려진 푸른 유년
마른 잎 겨우 덮고 잠잤던 추운 별밤
계단을 오르지 못해
숱한 날을 울었다

깊어진 상처 따윈 어쩌지 못한 채로
또 다른 길 찾아서 별자리 더듬었다
먼 산은 그대로인데
평행보다 더 멀고

햇살이 가득한 날 몰랐던 날 알았다
도려낸 상처 속에 가득한 깊은 향기
작은 꿈 키워갈 만큼
일어설 수 있음을

졸음 쉼터

외로운 고속도로 쉼 없이 이어졌다
더 이상 갈 수 없어 정차한 갓길에서
밀려온 피로를 안고
새우처럼 잠든다

고향은 아직 먼데 꿈조차 엉성하다
가는 곳 어디일까 출발점 가물거려
밤이슬 차창에 닿자
앞 유리창 뿌옇다

무거운 멍에 내려 긴 한숨 몰아쉬며
다시금 추스르는 내 삶의 고속도로
안전띠 풀 사이 없이
다시 잡는 운전대

가야지 아직 청춘 종착지 너무 멀고
부릅뜬 시야 타고 별똥별 획을 긋는다
난 아직 그대로구나
출발이다 내 삶은

출근길

무서리 젖은 골목 잠 덜 깬 눈 비비며
뒤척인 이부자리 뒤엉킨 꿈 조각들
발소리
남의 것인 양
또박또박 들린다

새벽별 따라 걷는 익숙한 항상 그 길
어느새 군불 지핀 공사장 막일꾼들
언제나
똑같은 눈빛
긴 하품을 나누고

살아온 세월만큼 검게 탄 맑은 웃음
회색빛 하루 일터 내 삶의 소중한 날
반기는
무딘 악수에
아침 해는 밝는다

임도

산등성 구릉마다 실선이 그어진다
화전민 할아버지 등짐으로 다니던 길
한 세대 넘어서고야 봉우리가 보였다

민둥산 사십 년생 전나무 내려오며
할 일을 다했다고 새 묘목 넘겨준 산
메아리 아득히 멀어 새소리로 듣는다

길이면 다 길일까 고난을 거쳐온 곳
그 험한 발자국들 고스란히 남겨지고
위대한 식물인간은 야생화로 피었다

풀리지 않는 매듭 하나둘 지워가며
한평생 남겨놓은 후손들 보금자리
섬약한 손바닥마다 운명선을 그린다

한 굽이 넘어서면 따라오는 하얀 구름
멀어지는 목소리는 그 누구 외침일까
건네줄 약속이 없어 미안해진 발걸음

멀리서 나를 보다

남쪽 끝 작은 읍내 허름한 해장국집
잠이 든 아기 업고 들어선 시골 아낙
발 저는
남편과 함께
식탁 끝에 앉았다

부스스 잠깬 아기 어르며 먹는 점심
눈웃음 마주 보며 허기진 수저 놀림
모처럼
함께한 장날
해장국물 달달하다

산골짝 십오 리 길 경운기 달려온 길
화전 밭 뭐 심을까 갖은 모종 가득 샀다
종이컵
커피 한 잔에
하얀 이가 빛난다

시월의 노래

빛나던 하루 끝에 타오른 서녘 하늘
갈바람 스쳐간 숲 주황색 덧칠하고
해 지는
능선 너머로
작열하며 펼쳤다

갈대밭 강가에선 고라니 목 축이고
길 바쁜 철새 하나 망설이듯 서성인다
땅거미
곧 닥쳐오면
그 먼 길을 어찌 갈까

동면으로 가는 길목 아쉬운 젊음이여
쉼 없이 달려온 길 아낌없이 태워주오
저 깊은
황혼 속에서
노을 되어 타는 가을

가을 그 찬란한 노을

저 겹겹 단풍의 숲 잎사귀 비 뿌린다
갈바람 쓸려가는 한여름 초록 잔영
하늘빛 짙은 파랑색 흐트러짐 없었다

연인은 솔향 타고 내 가슴에 스며들고
들국화 사이사이 잠든 척 속삭임뿐
서쪽 산 능선을 타고 넘어가는 빛이여

목마른 고라니 강가에서 입 적시고
길 바쁜 철새 하나 한 모금 하늘 본다
땅거미 온 땅에 내리면 그 먼 길을 어찌 갈까

오 헨리 잎새마저 어둠에 가려지고
커튼이 내려지는 하얗고 하얀 공간
수액만 살아남아서 방울방울 떨군다

찬란한 노을이여 불타던 여름이여
이상도 내 사랑도 붉었던 저 단풍도
숨 가쁜 감동이 되어 내 기억에 남아주오

봄 여름 가을 겨울 사계는 나의 일생
찬란히 타오르는 마지막 정열 속에
평온한 마지막 침실 동면 깊이 재워 주오

제2부

토망나루 가는 길

설악산
치악역에 잠들다
결운리
단종
미시령
마애부처님
도천리
대청봉
인제터널
영월
경포대 겨울에 젖다
황둔리 부는 바람
용두산
비로봉
화전골 풍경

설악산

천계를 스친 바람 대청봉 머물 즈음
사바는 아득하고 마음은 수평이라
두둥실 구름에 실어
나를 떠나보낸다

더듬어 걸어온 길 힘겨움 없었으랴
벼랑길 능선 타고 아슬한 곡예의 길
산 너머 또 산이 있어
숨 고르기 쉽지 않다

정상은 항상 멀고 발끝은 서둘지만
머뭇댄 기억 없이 한길만 걸어왔다
잘살든 못살든 간에
전환점에 난 섰다

저 멀리 동해바다 푸르기도 하여라
나 홀로 우뚝 서서 무엇을 보았을까
점 하나 나 한 점 되어
없는 듯이 있었다

제2부 토망나루 가는 길

치악역에 잠들다

열차는 서지 않고 무심히 지나쳤다
가을이 단풍으로 검붉게 타올라도
어차피 타지 못할 줄
알고 있는 것처럼

오래전 닫혀버린 입구는 말문 같아
녹이 슨 레일가로 침묵만 넘쳐나고
그리운 삼등 열차는
찾아오지 않았다

인생길 빙빙 돌아 원점으로 돌아오듯
한 바퀴 어둠 속을 감아 돈 똬리굴
세월만 밟고 올라서
남쪽으로 향하고

다시는 열지 못할 청춘의 개찰구에
한 마리 실잠자리 손잡이 앉을 듯 말듯
조심히 흔들어보는
귀소본능 몸짓뿐

메마른 눈인사로 낙엽만 쌓여가고
멈춰진 기적소리 어릴 적 환청 되어
돌아선 역사 앞에서
눈물 한 점 뿌린다

결운리

구름도 갈라놓는 칼바위 석벽 아래
벗겨진 표피 속에 두려움 숨겨지면
이윽고 심장을 열며
흰 연기를 토한다

옹골진 만년 결속 빈틈을 들춰내면
조각난 굳은 약속 어떻게 이어질까
석공은 망치를 몰아
구름마저 슮는다

부서진 편린들이 펼쳐진 광장 위로
기류는 제자리서 솔개처럼 맴돌다가
파헐된 살점을 감싸
몇 번이고 뒤집고

슬며시 자리 잡는 연기 속 맑은 햇살
태생의 부끄러운 속살을 들켜버린
희디흰 탯줄 한 줄기
암벽 속을 흐른다

단종

짙푸른 물결 위로 파문은 멈췄는가
산맥을 넘어서며 등짐을 부려놓고
한 시름 바람에 얹혀
한강물에 띄우고

나 하나 숨 멎은들 그 뉘가 기억할까
세월이 듣는 귀로 수백 년 살아간들
어린 날 궁중 아이로
재롱 피울 날 있으랴

영화도 권력 나름 백 년도 잇지 못해
한낱 꿈 만수하여 백토가 될 터인데
때때로 깊은 잠 깨어
구천 하늘 맴돌 뿐

이대로 의식 없이 수의도 못 입은 채
한 시대 살았음을 기쁘게 맞아야지
어둠은 모두 가질 것
별자리면 족하리

미시령

바다를 보았는가, 정상에 올라서면
시가지 지난 끝에 넘실대는 푸른 동해
수평선 가린 구름도
물결인 양 펼쳤다

우리가 바라본 건 대양만 아닌 것을
하늘을 찌를 듯한 설악산 바위탑들
에워싼 수목을 딛고
맞바람을 재운다

멍 뚫린 터널 탓에 오르지 않을망정
지켜낸 긴 세월을 그 누가 막을쏜가
잡힐 듯 설악산 동해
품에 안은 미시령

제2부 토망나루 가는 길

마애부처님

해돋이 산길 중턱 솔숲 사이 누운 바위
마애불 산을 안고 큰 한숨 바람소리
창공을
등에 업은 채
사바세계 품고 있나

열암곡 천년 세월 구름도 변했건만
그을린 흔적 없이 비바람 견뎌왔다
백팔배
멈추지 못해
고이 잠든 긴 침묵

새 세상 열렸으니 일어나도 좋으련만
윤회의 빚이 많아 바로 서지 못하는가
이제 곧
함께 일어나
새천년을 펼치리

도천리

강 건너 낮은 촌락 실연기 피는 저녁
찬 바람 스친 돌담 휜 어깨 움츠리고
잡초 핀
지붕 모서리
잔설 담고 떨었다

휩쓸고 간 물길로 남겨진 여름 상처
도회지 빛난 구두 긴 장화 바꿔 신고
새 샘터
마실 물 찾아
언 땅인들 못 파랴

불면도 이불 삼아 밤새워 덮고 잘까
의식만 홀로 깨어 싸리문 여는 한밤
방범등
강물에 비춰
뜨지 않는 별이 된다

대청봉

안개비 멈춘 산길 햇살이 얼비춘다
대청봉 닿으려면 더 일찍 떠날 것을
조급한 발목을 스쳐
쏟아지는 무력감

가려진 나무 틈새 간헐적 뵈는 하늘
선계의 숨소리에 호흡을 가다듬고
막 오른 정상에 서서
포효하듯 외친다

희뿌연 봉우리들 뒤틀린 고산나무
꿈꾸던 비경 따윈 의미로 남겨질 뿐
성취감 벅차게 안고
또 다른 길 나선다

인제터널

하늘 품고 솟은 샘터 내린 천 발원이라
태백산맥 척추 타고 온 강산이 기름지다
태곳적 감춰진 혈맥
그 비밀을 들췄다

동서로 이은 새 길 바람 타고 지나치면
곧 닿는 양양바다 동해의 푸른 바다
숨겼던 긴 한숨 걷어
가슴 열고 서보렴

석공이 잘라낸 건 돌만은 아니었다.
갇혔던 억년 세월 애타던 만남이라
여기에 시간을 가둬
대들보로 세웠다

영월

중천에 해 떠올라 먼동을 밀어내고
덕상리 동강 물결 할미꽃 피울 적에
봉래산 행글라이더
오색 날개 펼친다

청령포 비운의 왕 이제 그만 놔주시오
그 깊은 상처 아물 때도 되었건만
수백 년 역사에 삭혀
흔적조차 있을까

선돌 날 무뎌지고 잔잔한 서강 물결
새날이 예 왔거늘 축제처럼 노래하세
물새 떼 어라연 날다
날개 접고 쉬듯이

와석리 누운 바위 걸터앉은 방랑시인
비워라 또 비워라 끝없는 세상 욕심
김삿갓 풍자와 해학
조선팔도 넘친다

한반도 지형 따라 띄우는 황포 돛대
영원히 젊은 고장 서강에 머물 즈음
울리는 법흥사 범종
새 영월을 열었다

경포대 겨울에 젖다

파도는 갈매기를 뭍으로 쫓아내고
작열한 여름 태양 감춰둔 작은 돌섬
칼바람 하얀 머릿결
모래펄을 달린다

너무나 가까워서 맞닿은 하늘과 바다
만날까 다가서면 처음 본 공간만큼
여전한 평행선 간격
잡지 못한 겨울 손

검푸른 깊은 물속 숨겨진 비밀처럼
닫아건 가슴 빗장 벗기는 날이 오면
아련한 뱃고동 소리
물새 되어 들으리

어둠이 별들에게 쫓겨 간 긴 모래펄
저 멀리 수평선 끝 고깃배 불빛 따라
백사장 빈 밤 지키며
망망대해 꿈꾼다

황둔리 부는 바람

빈 초가 담장 가득 개망초 무성하여
사립문 바람 따라 여닫기도 버거워라
물사슴 내딛는 소리
풀잎보다 여리다

부서진 돌담 타고 담쟁이 손 뻗을 때
섬돌 곁 신발 한 짝 설핏 든 한낮 잠결
떠난 임 발자국 소리
모로 누워 듣는다

일찍이 그 누구도 돌아올 수 없었을까
계단식 논두렁에 삽질이 멈추고서
성황당 느릅나무는
하늘 온통 덮었다

광산이 쉬는 동안 황토가 잠을 깬다
버려진 괭이자루 검버섯 지기 전에
황둔골 언덕 너머로
새싹물이 오른다

용두산

청록빛 수면 위에 금물결 아침 태양
가득한 희망 안고 밤새운 조각배들
만선된 기쁨에 겨워
찬 이슬을 닦는다

산마루 올라보면 펼쳐지는 쪽빛 바다
해변가 이어지는 굽이친 해안 따라
흰 거품 가득 안고서
내달리는 파도여

광안리 이어지는 해운대 백사장에
남겨진 발자국은 언제나 지워질까
자갈치 등 푸른 생선
부둣가에 넘칠 때

바위섬 석벽 깊이 시름일랑 던지고
부딪쳐 산화하는 물방울 셀 수 없듯
내 고향 오륙도 물새
고운 꿈에 잠긴다

비로봉

흐르고 멈추어도 언제나 같은 자리
허공에 부딪치던 한밤중 뒤척인 꿈
어딘가 내 쉴 자리는
찾을 수가 없었다

구름은 신의 목장 양 떼만 키워내고
눈부신 햇살 받아 커져만 가는 몸집
누구도 저항치 못해
반복되는 메아리

뿌려야 살 수 있는 윤회의 반복일 뿐
설친 잠 뒤척이며 고비를 넘어설 때
황혼은 서녘 틈새로
땅거미를 내린다

화전골 풍경

개망초 바람결에 함께 휘는 오랜 빈 집
슬레이트 틈 사이로 서까래 앙상하다
서양식 별장 떠밀려
이래저래 다 비었다

화전민 아이 소리 그리운 느릅나무
조망에 거슬려져 베일까 두려워서
주름진 기둥 가운데
타는 가슴 텅 비었다

돌담 뒤 빨간 앵두 봄마다 피고 지고
우물가 빨래터에 납작 돌 그대론데
고라니 울음소리만
텅 빈 마을 지킨다

제3부

흙담 사이에 핀 꽃

한반도 아리랑
옥수수
김 씨의 겨울
소녀상의 기도
퇴근길
청령포 애가
원산 내장탕
갯버들
김 목수
성심요양원
운곡의 강
구두
억새꽃
초대
난고 김삿갓

한반도 아리랑

찬란히 떠오르는 동해의 해를 보라
한반도 긴긴 어둠 순식간 수몰되고
허리춤 베인 상처
씻은 듯이 아문다

얼마나 기다렸나 너와 나 만나기를
한 가족 한 역사를 새로이 시작하면
아침에 해 뜨는 나라
조국 대한 빛나리

다 함께 불러보는 아리랑 고개 넘어
잡은 손 더 꼭 잡고 힘차게 넘어가세
오천 년 단군의 자손
변치 않을 내 형제여

제3부 흙담 사이에 핀 꽃

옥수수

자갈밭 뿌리 내려 모질게 영글었다
빗줄기 드문 땅에 뭘 먹고 자랐을까
오 남매 네 살을 먹고
살 오를 줄 몰랐다

정선 땅 강줄기는 마른 적 없었지만
내려보면 아득한 꿈 조상님 피를 이어
떠날 수 없었던 이유
다 자라서 알겠다

알알이 맺힌 눈물 발원지 샘물 닮아
자식들 떠난 자국 산맥을 휘돌아서
삼천리 곳곳에 내려
한강 줄기 이뤘다

처마 밑 주렁주렁 씨받이 매달고서
천년의 윤회처럼 봄이면 새싹 움터
새로운 희망을 찾아
긴 밭고랑 딛는다

김 씨의 겨울

잠 덜 깬 새벽 골목 잔설만 나부끼며
살얼음 조심스레 나직이 딛는 걸음
동면 속 꿈조차 멈춰
얼어붙은 긴 시간

걸어도 또 걸어도 헛짚는 그 자리뿐
메마른 목소리만 이명처럼 들려오고
작업복 어깨에 앉아
젖어드는 흰서리

모닥불 둘러서서 오늘도 일이 없다
언제나 봄이 올까 오던 길 돌아서면
저 멀리 먼동 터오는
동녘 하늘 서럽다

소녀상의 기도

내 떠난 빈자리에 화사한 봄날 오면
한 세월 피지 못한 우리 꽃 피워주오
청춘이 너무 서러워
눈물마저 말랐소

허망타 모진 세월 서글픈 망각의 강
잠든 넋 수련되어 꽃으로 피고 지고
남겨진 많은 사연들
그 언제나 다 풀까

날 위해 부른 노래 강산에 넘치거든
헛되지 않은 시절 굳은 맘 다 풀리라
아들 딸 건강한 손자
내 소망은 그것이오

제3부 흙담 사이에 핀 꽃　63

퇴근길

땅거미 지는 거리 가로등 불 밝혔다
낮같은 밤을 여는 네온을 등에 지고
언덕 위 달동네 골목
들어서는 발걸음

빠져나갈 길 있어야 바람이 들어오지
찬 바람 쉬 닥칠까 문 틈새 매만지며
작업화 나란히 앉아
연탄 온기 쬔다

얼마나 잘 살아야 행복한 인생일까
비좁고 가난해도 공평하게 가진 시간
잘 지낸 오늘 하루가
지친 발을 감싼다

청령포 애가

동강의 여울 따라 선돌에 해 닿으면
역사의 물비린내 서강까지 몰아치고
청령포 관음송 오열
영월 땅을 적신다

설익은 청령포서 그대 손을 잡는다
아직도 노송 숲을 배회하는 바람소리
낮달에 담겨진 사약
쏟아내지 못하고

왕방연 비통한 글 멀리 뵈는 누옥에서
가부좌 풀지 못한 이 한을 언제 풀까
한양 땅 푸른 하늘만
눈 시도록 아프다

어찌 가랴 북망산 피 눈물은 솟구쳐
주저앉은 신선암에 해는 져서 기우는데
장릉에 무너진 단심
천년토록 애달프다

원산 내장탕

오만가지 속 푼다는 내장탕 할마이집
허름한 풍물시장 줄 세워 소문 잦다
제 속은 꽁꽁 막힌 채
술꾼들만 풀고서

함경도 원산 부두 귀향을 포기한 채
평생을 내장 끓여 오 남매 키워냈다
오시오 꽉 막힌 그 속
내가 풀어 드리리다

할마이 일등 소원 내장탕 속 풀듯이
휴전선 엉킨 철책 시원하게 없애는 것
식당 벽 흑백사진 속
아이 하나 웃고 있다

갯버들

겨우내 움츠렸던 기지개 활짝 펴면
얼음 속 숨 죽이며 물줄기 흘러간다
겨울잠 아직도 깊은
동한 속의 개울가

한낮의 햇살 모아 추운 밤 견디고자
보송한 털잎 달고 별들과 입 맞추나
봄소식 저 먼저 알고
뽐내려고 눈 떴나

동산에 먼동 트면 내 봄도 같이 뜨고
잔가지 물오르듯 초록빛 온몸 가득
케케묵은 겨울 잠자리
훌훌 털고 나선다

퐁, 퐁, 퐁, 들려오는 투명한 물소리는
잔가지 타고 흐른 혈관 속 따스한 피
연초록 물들여 가며
희망 가득 솟는다

김 목수

밤새운 진눈깨비 새벽길 비가 되어
질척한 갓길 따라 잔설은 녹아들고
젖어든 삶의 무게가
어깨를 짓누른다

낯선 길 돌아서며 다가간 마른 인사
잠들지 못하는 게 깨는 것보다 어려웠다
공사장 시든 모닥불
뒤척이는 신 새벽

간간히 내민 햇살 젖은 등 김 서리면
척추를 감고 내린 훈기는 넘쳐나고
멍 뚫린 가슴속 한편
마른 비가 내린다

성심요양원

태양이 서성인다 하루가 저무는가
창밖은 아직 미명 의식만 채비하여
땅거미 젖는 거리를
안개 되어 거닌다

뼈와 혼 나눠 놓은 노을빛 저렇겠지
한평생 걸어온 길 단 한 번 불꽃 되어
차가운 어둠 속으로
절규하며 잠기듯

눈 감고 잠이 들면 새벽이 다시 올까
저 혼자 요람으로 스며든 의식 하나
윤회의 달콤한 갈망
기대하는 그 시간

운곡의 강

다가가 네 연못에 꽃으로 피기 위해
어설픈 욕심의 탑 모두 다 벗어두고
거친 산 협곡을 따라
몇 번이고 돌았다

권세도 화려함도 잡초만 못한 것을
오롯이 훌훌 털고 같이 걷고 싶었네
널 만나 강으로 가는
시냇물이 되고파

하늘 뜻 제 맘대로 다 되진 못하는 것
내 나라 돛을 세워 큰 바다에 가 닿고자
강물은 세월을 타고
엇물결로 흘렀다

구두

신발장 구석 자리 빛바랜 신발 하나
올 풀려 입 벌린 채 다소곳이 앉아있다
첫 출근 세상을 향해 내딛었던 첫걸음

몇 번의 이삿짐 속 기필코 따라와서
신발장 한편에 꼭 들어앉아 있다
신기해, 당신 챙겼지?
난 모르지 당신이?

가지런히 먼지 털며 흘기는 아내 눈빛
신발장 정중앙에 놓인 낡은 구두
딱딱한 구두 콧날이
오늘 따라 더 높다

제3부 흙담 사이에 핀 꽃

억새꽃

한겨울 개울에 핀 갈대는 아직도 봄
봄 여름 가을마저 다 지난 강가에서
솜사탕 뭉치로 살아
살얼음을 녹였다

긴 겨울잠을 깨면 부드러운 너 있을까
동구 밖 길에 서서 차디찬 언 손 녹여
부르던 네 이름 석 자
다시 안 올 메아리

흰 눈발 물든 꽃잎 홀연히 날아가면
망연히 발끝까지 하얗게 비었는가
기다림 아쉬운 걸음
되돌리면 허공이다

제3부 흙담 사이에 핀 꽃

초대

변변한 자리 한번 마련치 못한 평생
제대로 이번 기회 사흘간 잔치 연다
잊었던 옛날 친구들
어찌 알고 왔을까

닫았던 문을 열고 만나는 귀한 시간
채워진 술잔 가득 이슬이 맺혔다면
왜 진작 만나지 않고
낯선 길을 돌았나

태생의 비밀 따윈 잊은 지 벌써 오래
창문이 닫혀 있어 햇살을 가린 채로
주인공 아랑곳없이
저들끼리 떠들고

날마다 다시 쌓던 모래성 귀퉁이로
실연기 향내 품고 의식을 지워내면
긴 여행 배낭도 없이
손 모으고 떠난다

내 이름 기억했던 저들도 곧 떠나고
우리들 치열했던 시간들 바뀔 때면
디뎠던 발자국마저
흔적조차 없겠지

난고 김삿갓

바위틈에 자란 난초 삿갓 깊이 감춰 두고
닿는 발길 정처 없이 한반도 방방곡곡
넘치는 풍자와 해학
서민 애환 달랬다

뉘인들 부귀영화 누릴 줄 모르겠소
술 한 잔 시 한 수로 벼슬길 마다하고
평민들 낮은 자세로
너털웃음 지었다

덧없다 짧은 인생 온갖 욕심 다 버리니
한낱 꿈 권세 재물 구름보다 못한 것을
물처럼 솔바람처럼
그저 웃고 살고 지고

제4부

동구 밖 미루나무

별에 닿다

달동네 소묘

성황림 겨울

팔월 끝자락

서귀포의 밤

맛

바다 그리고 겨울

새벽 비

태백산 돛단배

해 뜰 즈음

텃밭

보도블록 틈 사이로

유성

천년 윤회

별에 닿다

맑은 밤 얼굴 들면 따가운 빛 조각들
북두칠성 찾아 돌던 어릴 적 어지럼증
별똥별 획을 그으며
서산 너머 감춘다

한평생 돌고 돌아 이제 겨우 멈춘 걸음
별자리 그대론데 소년은 어데 갔나
백내장 뿌연 은하수
다리 하나 놓고서

무한과 마주한 뺨 서늘히 돋는 소름
꿈처럼 별 하늘은 침묵만 널려있고
날 선 빛 망막을 스쳐
밤하늘을 가른다

달동네 소묘

눈 덮인 슬레이트 낮볕에 김 서린다
막바지 다다른 곳 더 갈 데 없어설까
빼꼼히 열어둔 창가
아지랑이 오르고

주전자 칙칙 울어 난로 곁 묶인 발목
한겨울 시린 외출 겉돌아 망설이다
보건소 약 타러 가는
쪽문 열며 나서면

눈 쌓인 좁은 골목 잠 깨운 저 햇살에
감은 눈 잠시 동안 까맣게 잠긴 어둠
언덕길 미끄러울까
조심스레 디딘다

성황림 겨울

한겨울 혹한에도 흐르는 물이 있다
수천 년 윤회 이은 치악산 성남마을
폭설 속 물안개 담고
흘러가는 물줄기

느릅나무 하늘 솟아 천지를 내려보다
움츠린 어깨너머 너 아직 잠자느냐
나직이 바람을 빌려
잠든 인간 깨우고

내 몫을 다 살아도 채우지 못한 욕심
비우고 또 비워도 내 천년 더 살아도
아직도 버리지 못해
하늘과 땅 잡고 있다

팔월 끝자락

화려한 여름 잔영 흩뿌린 들녘 가득
한여름 졸던 햇살 선잠에 나른하다
환절기 지루한 걸음
또 건너고 있구나

희뿌연 열기 담고 추스른 미루나무
갈바람 쉬이 불면 그리움 잠 못 들까
못다 한 여름 이야기
들려줄 게 뻔한데

나직이 들려오는 바람결 강물 소리
땅거미 야금야금 발끝을 적셔 오면
서녘 별 황혼 틈새로
멈칫멈칫 얄궂다

서귀포의 밤

간절히 바다 소리 멈추길 기다렸다
흩뿌린 포말 조각 폐 속에 스며들어
숨겨워 호흡 못 하는
뒤틀어져 모난 밤

빠끔한 문 틈새로 비집는 달빛 따라
억세게 파도 타라 보채는 바람 소리
별이 된 욕망의 조각
안타까워 여는 창

끝닿은 방랑지도 한 손에 펼쳐들고
물새도 뱃머리도 잠든 부두 멀리
수평선 윤곽만 들킨
어둠만을 보았다

제4부 동구 밖 미루나무

맛

툭 하고 불꽃 일어 쏴 하고 타는 기름
조릿대 모든 시선 한곳에 모이고
기대감 허기진 하루
장날처럼 끓는다

감자전 속살에는 부추 잎 어울릴까
동치미 자박자박 새빨간 고추 띄워
감췄던 할머니 손맛
되살려 본 저녁상

평상시 정성 들이면 누구나 하는 거지
어머니 어깨너머 환갑에 다 배웠다
장독대 머물 때마다
울먹이는 며느리

갓 따 온 상치 잎에 포실한 밥 한 수저
묵은장 한 점 올려 청국장 곁들이면
큰 행복 아끼는 사람
함께 음식 먹는 것

바다 그리고 겨울

파도는 갈매기를 뭍으로 쫓아내고
작열한 여름 태양 감춰둔 동백섬엔
칼바람 하얀 머릿결
모래펄을 달린다

너무나 가까워서 맞닿은 하늘과 바다
만날까 다가서면 처음 본 공간만큼
여전한 평행선 간격
잡지 못한 겨울 손

검푸른 깊은 물속 숨겨진 비밀처럼
닫아건 가슴 빗장 벗기는 날이 오면
아련한 뱃고동 소리
물새 되어 들으리

어둠이 별들에게 쫓겨 간 긴 모래펄
저 멀리 수평선 끝 고깃배 불빛 따라
백사장 빈 밤 지키며
망망대해 꿈꾼다

새벽 비

밤새워 창 두드린 숨죽인 네 목소리
잠자리 불면 삼아 빈 생각 다 태웠다
잊을까 어찌 잊을까
그 많았던 이야기

말없는 그 눈물에 익사된 숱한 변명
시력을 포기하고 어둠만 직시한 듯
낙숫물 바위를 뚫어
텅 비워진 이 가슴

저 쪽창 여명조차 거부된 작은 공간
때 이른 새벽닭은 왜 저리 울어댈까
오늘은 다른 하루를
시작할 수 있을까

빗줄기 여명 담아 창문 밖 몰려들어
다시 또 다가서는 그리운 너의 눈빛
흐려진 눈가를 닦고
빗줄기를 맞는다

태백산 돛단배

구름을 바다 삼아 부서지는 파도 따라
천제단 휘휘 돌아 해 뜰 녘 올리는 돛
밤새워 재촉한 걸음
수평선에 닿았다

바닷속 옛 마을에 실연기 피어나면
뒷동산 막 피어난 쪽 동백 구경 삼아
막 펼친 그물을 접고
닻을 한번 내릴까

섬이 된 산봉우리 운무가 물결친다
밤새운 거친 항해 몇 산이 더 남았나
어여차 돛을 올려라
어서 가자 해 뜰라

해 뜰 즈음

밤새워 빛난 별들 홀연히 사라지고
수평선 어둠 걷고 서둘러 해가 뜬다
갈매기 힘찬 날갯짓
부서지는 저 파도

불면도 긴 이명도 어딘가 떠나갔다
물결은 차별 없이 출렁여 수평 찾고
먼 바다 바람을 몰아
불균형을 잡는다

뒤돌아 보낸 시간 백사장 남은 흔적
물거품 밤새 스쳐 언제나 그 자리다
가슴속 할퀸 생채기
있었다가 없었다

텃밭

잡풀을 걷어내고 일구는 작은 공간
꽃 씨앗 하나 심어 물 주고 다독인다
잘 자라 꽃을 피우렴
꿈은 벌써 활짝 폈다

푸석한 가슴 깊이 숨겼던 풀 한 포기
힘겨운 삶일망정 잘 견뎌 주었구나
이제야 꿈 한 포기
키워갈 수 있겠다

햇살은 따뜻하고 바람이 산들 불어
그 좁은 틈새에도 새싹은 움트겠지
가슴속 내 작은 정원
꽃 한 송이 피우려

보도블록 틈 사이로

햇살이 머무른 곳 촘촘히 깔린 블록
들을 떠난 한 줌 씨앗 바람에 실려 왔나
비집고 태어난 풀잎
여린 줄기 모질다

밟히고 휩쓸려도 끈질긴 여린 생명
뿌리는 옳게 뻗어 연거푸 움트며
메마른 도시의 길을
초록으로 적신다

얼마나 더 살아야 이름으로 불릴까
꽃으로 피기 전에 사라져 간 민초들 삶
누군들 비옥한 화원
소망하지 않았던가

기어이 꽃을 피워 씨앗을 만드는 날
꺾어진 허리 펴고 날갯짓 시작하리
내 봄날 돌아올 적에
그 자리서 살리라

제4부 동구 밖 미루나무

유성

날선 빛 한 줄기에 의식이 베인다
뒤척여 지새운 밤 모닥불 가물대면
겨우내 아문 생채기
스멀스멀 돋는다

바람에 젖은 발길 어디쯤 쉬어 갈까
숨 가쁜 물길 타고 건너던 동강 나루
어쩌다 그 많던 물이
은하수가 되었을까

숱한 날 그은 성냥 단 한 번 피운 불꽃
촉 잃어 멍든 기억 순식간 피어올라
흩뿌린 여명 틈새로
새가 되어 나른다

천년 윤회

그늘진 틈 사이로 스미는 밝은 아침
부처님 뺨을 스쳐 살포시 앉는 햇살
산새들 소리를 높여
열암계곡 펼친다

비껴간 조선왕조 손대지 못한 뜻은
온전한 마애불상 남기려 숨긴 얼굴
눈 깜짝 천 년을 넘어
중생 앞에 나섰다

세상을 닫아걸고 긴 세월 어땠을까
천 번의 달과 태양 등에 업고 굴리면서
윤회의 은하수 물결
밤하늘을 노 저었다

이제야 일어서서 세상 굽어 살피소서
천년의 삶과 죽음 새로운 시작과 끝
석공의 간절한 기도
모두에게 주소서

전생을 되돌리어 바로 서는 그날 오면
깊은 시름 다 잊고서 새로운 길 떠나리
우러러 합장한 손끝
간절히 드리는 기도

제5부

가사歌辭

단종 유배길을 가다
— 단종비가端宗悲歌

단종 유배길을 가다
— 단종비가端宗悲歌

영월고을 사월이면 어린 단종 애도하여
오십 여년 문화제로 온 강산이 들썩하다
조선 6대 단종 임금 사육 충신 넋을 기려
단종제로 승화하고 애도 충절 공표하니
평창 정선 주민 물론 경상 충청 군수까지
일 년 제사 참배하여 잠든 넋을 위로한다
행사기간 내내 들뜬 각양각색 프로그램
유교제례 단종제향 조선시대 국장재현
산릉제례 어가행렬 정순왕후 선발대회
줄다리기 가장행렬 다양하게 펼쳐진다

단종 그가 누구인가 조선6대 비운의 왕
천자문에 능통하고 품성 또한 영특하여
8세 될 때 세자책봉 12세에 왕이 되다
즉위 1년 정란으로 숙부에게 권력 뺏겨
유명무실 무늬만 왕 삼촌 겨눈 칼날 아래
왕위 실각 가택 연금 노산군에 강등되고
영월 오지 유배되어 17세에 사약 받다

죽음 또한 미스터리 사약 아닌 자결인가
시녀시종 앞다투어 동강물에 투신한다

천둥 벼락 고목 뽑고 지척 분간 어렵도다
권력 다툼 희생양인 3년 대왕 단명 단종
영월 햇살 장릉무덤 영원토록 잠들었다
단종 묻힌 영월군이 재조성한 유배의 길
통곡의 길 충절의 길 인륜의 길 세분하여
영월 땅을 밟은 곳에 흔적으로 남기었다
열한 점의 머문 자취 청령포로 이어지고
곳곳마다 애환서려 단종 숨결 멈춰있다
기왕 가는 청령포면 유배길을 함께 갈까

중앙고속 신림 나와 주천 방향 접어들어
황둔 옛길 입구에서 단종일행 만나진다
경복궁을 떠난 단종 육 일 만에 도착한 곳
영월경계 시작점인 솔치재라 명한 고개
소나무가 울창하여 솔치재라 하였던가
터널 위로 옛길 따라 정상에서 우측 가면

임금 마신 우물가에 표지석이 외롭도다
아직까지 샘이 솟는 어음정을 떠난 발길
언덕 넘어 신일삼리 역골마을 들어선다
교통요충 신흥역은 원주 제천 영월 평창
갈라지는 요충지로 공순원이 있던 자리
다시 큰길 주천 방향 고수부지 마루턱에
도문화제 이십팔 호 3층 석탑 우뚝 섰다

나루터를 건너왔던 단종일행 5백여 명
주천고을 스쳐 지나 험한 여정 재촉한다
절벽 아래 쉼터기점 단종 동상 애닯고나
다시 못 갈 한양 쪽에 슬픈 시선 고정하고
자신 위해 목숨 바친 사육신을 애도한다
성삼문의 절의가를 새겨 넣은 돌판 위로
새소리도 구슬프고 구름마저 머물렀다

한반도면 접어들어 구불구불 고갯마루
깎아지른 절벽아래 주천강이 굽이치고
임금님이 오른 재라 군등치라 했다더라

깎아지른 군등치를 힘겨웁게 넘고 나니
고개하나 더 만난다 굽이굽이 방울 고개
길이 험해 떨군 방울 모르는 채 넘던 고개
유배지로 가는 길은 멀고도 먼 고난의 길
배일치재 도착하여 탄식하는 어린 단종
자신 위해 목숨 바친 사육신과 생육신들
해를 보고 절을 하며 충신 넋을 달래자니
남동 방향 유배지요 서북 방향 한양이라
배일치재 정상에는 바람조차 울먹인다
옥녀봉을 올려보니 두메산골 색시 닮아
생이별한 정순황후 영락없는 자태로다
그리운 임 언제 볼까 몇 번이고 돌아보며
열한 번째 마지막 길 청령포에 도착한다

굽이치며 도는 물길 육지 속에 무인도라
나루터엔 완만하나 서쪽 산은 열 길 절벽
물이 막고 벽이 서니 생매장이 따로 없다
금표비를 세워놓고 거취마저 제한하니
창살 없는 감옥이라 산새들이 부럽도다

육육봉에 올라서니 한양 하늘 하도 맑아
내버려진 나약한 몸 누구라서 알아줄까

단종 품던 관음송이 슬픈 얘기 들려줄까
귀 기울여 기다려도 육백 년의 고령이라
바람소리 새소리로 그때 기억 대신한다
죽음의 약 못 전하고 망설이던 왕방연의
안타까운 마음 전한 강물 건너 시조비뿐
하늘마저 이 뜻 알아 큰 물줄기 내려 주며
청령포엔 선한 피를 묻혀서는 안 되노라
침수되는 거처 떠나 관풍헌에 몸 옮기니
단종생애 땅을 딛는 마지막이 되었도다
죽음조차 의문이라 사약이냐 살해더냐

동강강물 버린 시신 수습자는 삼족 멸해
망령조차 지천 돌다 영월 호장 엄흥도가
'옳은 일엔 죽음마저 감수하며 받으리라'
몇몇 백성 세 아들과 칠흑야밤 수습하여
을지 선산 매장하니 현재 장릉 되었도다

양지바른 단종 능침 눈이 와도 쉽게 녹고
한겨울도 따뜻하여 명당 중에 명당이라
둘러싸인 노송들이 봉분 향해 절을 하듯
기묘하게 뒤틀리어 대왕의 예 다하느니
유네스코 세계문화 유산으로 등재되어
충절 고장 영월 백성 그 깊은 한 풀었도다
그로부터 육백여 년 까마득한 옛이야기
왕도 죽고 역적 죽고 이름만이 남았도다
재물 권력 한낱 헛꿈 윤회처럼 재현되는
이 시대도 별다를까 환경만이 변화된 채
유배 아닌 유배길을 우리 모두 걷고 있다